Zwei Minuten für die Sprache

Juliane Topka begeistert sich seit Kindertagen für Sprache. Im Jahr 2004 machte sie diese Begeisterung zu ihrer Hauptaufgabe: Als freiberufliche Lektorin für Unternehmenskommunikation (www.julianetopka.de) unterstützt sie ihre Kunden dabei, Texte klar, verständlich und empfängerorientiert auf den Punkt zu bringen.

In ihrem Blog (www.sprachpingel.de) und bei Twitter (@Sprachpingel) bringt Juliane Topka darüber hinaus Wissens-, Nennens- und Lernenswertes, Heiteres und ernst Gemeintes, Unterirdisches und Überflüssiges zum Thema Sprache unter die Leute.

Juliane Topka

Zwei Minuten für die Sprache

*Tipps und Tricks,
um besser zu schreiben*

*Bibliografische Information der Deutschen Nationalbibliothek:
Die Deutsche Nationalbibliothek verzeichnet diese Publikation in der Deutschen Nationalbibliografie; detaillierte bibliografische Daten sind im Internet über www.dnb.de abrufbar.*

© 2013 Juliane Topka
Satz und Umschlaggestaltung: Katja Frauenkron
Herstellung und Verlag: BoD – Books on Demand, Norderstedt
ISBN: 978-3-7322-4797-4

Inhaltsverzeichnis

Vorwort	7
Meter oder Metern?	9
Ergänzungsstrich	11
Irritationen durch ungünstige Satzstellung	13
Schein und Sein	15
Entgegen, laut und gemäß	17
Doppelpunkt – und dann?	19
Auslassungspunkte	21
Tageszeitangaben	23
Gehängt oder gehangen?	25
Kommasetzung bei mehreren Adjektiven	27
Zahlen im Fließtext	29
Zurzeit oder zur Zeit?	31
Aktuelles zum Thema „aktuell"	33
Selbst oder selber?	35
Zeichensetzung bei Zitaten	37
Das Komma bei Vergleichen mit „als"	39
Zeitabstand oder Zeitspanne?	41
Kopplungen	43
Ableitungen aus Ortsbezeichnungen	45
Mal und mal	47
Striche über Striche	49
Bezeichnung von Mengen, Zeiträumen oder Größenordnungen	51
Auslassungspunkte mit anderen Satzzeichen	53

Männlein und Weiblein in der Sprache 55
Relativpronomen bei „eines der" 57
Wie denn nun – so weit oder soweit? 59
Recht und recht 61
Ein paar Paare 63
Aufzählung von Beispielen 65
Mehrteilige Subjekte 67
So ein Hin und Her! 69
Anführungszeichen 71
Übertragene Bedeutung 73
Zweifel 75
Sind „da" und „weil" synonym? 77
Zu- und Abnahmen 79
Pluralbildung bei Akronymen 81
Verbindungen von Verb und Adverb 83
Ableitungen aus Namen 85
Mehrteilige Abkürzungen 87
Nachwort 89
Lösungen 90

Vorwort

Kurz nachdem ich mich im November 2004 als freie Lektorin selbstständig gemacht hatte, begann ich, jeden Monat Sprach- und Schreibtipps per E-Mail zu verschicken. Diese Mails gingen zunächst an einen kleinen Kreis von Interessierten und ehemaligen Kolleginnen und Kollegen.

Ein Titel für diese Reihe war schnell gefunden: „Zwei Minuten für die Sprache" sollte als Name von Anfang an Programm sein. Schließlich gehöre ich selbst zu den Menschen, die Newsletter in der Regel eher anstrengend finden: Häufig sind sie so überfrachtet mit Informationen und Werbung, dass sich der persönliche Mehrwert nicht sofort erschließt. Man braucht Zeit, sie zu lesen – und die hat man in der Regel nicht sofort. Das Ende vom Lied: Die Informationen gehen unter und landen irgendwann ungelesen im virtuellen Papierkorb.

Die „Zwei Minuten für die Sprache" sind deshalb bewusst knapp und konzentrieren sich auf die wesentlichen Informationen, die man im täglichen Sprach- und Schreibgebrauch zur jeweiligen Frage benötigt. Und wo immer es möglich ist, gibt es darüber hinaus praktische Merkhilfen für die richtige Schreibweise.

Der stetig wachsende Verteiler zeigte, dass dieses Konzept aufgeht. Auf die Idee zu diesem Buch haben mich dann auch viele treue Leserinnen und Leser gebracht. Es enthält eine Auswahl von 40 Newsletter-Texten, die besonders häufige Fehler und Unsicherheiten in Rechtschreibung und Zeichensetzung behandeln. Sie sind bewusst lose aneinandergereiht, denn dieses Buch will kein Nachschlagewerk sein, sondern ein Lese- und Lernbuch. Jeder Abschnitt beginnt deshalb – und das ist anders als in den Newsletter-Mails – mit einer Frage. So können Sie für sich schon mal einschätzen, wie sicher Sie sind. Aus dem folgenden Text geht in der Regel auch die Antwort auf die Eingangsfrage hervor. Zur Sicherheit sind im Anhang noch einmal alle richtigen Antworten aufgeführt.

Vielen Dank an alle, die seit Jahren mit Fragen, Rückmeldungen und regem Interesse zu diesem Newsletter beitragen – Ihnen und euch allen widme ich dieses Buch.

Hamburg, im September 2013
Juliane Topka

Meter oder Metern?

> **Welcher Satz ist korrekt?**
>
> a) Das Schild hängt in 3 Meter Höhe.
> b) Das Schild hängt in 3 Metern Höhe.
> c) Beide Sätze sind richtig.
> d) Beide Sätze sind falsch.

Auch Lektoren müssen einiges immer wieder nachschlagen. Dieses Thema gehörte bei mir sehr lange Zeit in diese Kategorie, weil ich es mir einfach nicht merken konnte. Dabei muss man eigentlich nur zwei einfache Regeln verinnerlichen.

Regel 1: Wenn das, was gemessen wird (Höhe, Entfernung, Länge o. Ä.), *nicht* direkt hinter der Maßeinheit folgt, steht in der Regel die Form mit der Flexionsendung:

(1) Mit zwei Metern kommen wir nicht aus.

(2) Er steht in einer Entfernung von 20 Metern.

Dabei ist es egal, ob das Gemessene überhaupt nicht genannt wird (Beispiel 1) oder ob es nur an einer anderen Stelle im Satz steht (Beispiel 2).

Regel 2: Steht das, was gemessen wird, direkt hinter der Maßeinheit, nimmt man die endungslose Form:

Mit fünf Meter Stoff sollten wir auf jeden Fall hinkommen.

Der Schatz liegt in 100 Meter Tiefe.

Nur der Vollständigkeit halber erwähne ich noch **Regel 3**. Sie beantwortet eine Frage, die sich den meisten Muttersprachlern gar nicht stellt, weil bei dieser Konstruktion gar kein Zweifel aufkommt. Dafür klingt sie aber furchtbar kompliziert: Wenn sich zu der Zahl und der Maßeinheit noch ein Artikel gesellt und das Gemessene im Dativ Plural steht, gebraucht man die Form mit Endung auch dann, wenn das Gemessene folgt:

Mit den zwei Metern Stoff kommen wir nicht aus.

ERGÄNZUNGSSTRICH

> **Welche Schreibweise(n) ist/sind korrekt?**
>
> a) Erdbeer und Rhabarberkuchen
> b) Erdbeer- und Rhabarberkuchen
> c) Erdbeer-und-Rhabarber-Kuchen

Der Ergänzungsstrich leistet gute Dienste, um Texte lesbarer zu machen, denn er hilft, Dopplungen zu vermeiden. So müssen gemeinsame Bestandteile von Wörtern jeweils nur einmal genannt werden:

zwei- bis dreimal (statt: zweimal bis dreimal)

Hin- und Rückfahrt (statt: Hinfahrt und Rückfahrt)

So weit, so einfach. Schwieriger wird es, wenn zwei Begriffe zwar einen gleichen Teil haben, aber einzeln nicht (unbedingt) auf dieselbe Art geschrieben werden. Ein klassisches Beispiel sind die sogenannten KMU.

Die Schreibweise „kleine und mittelständische Unternehmen" ist gängig und ganz ohne Striche korrekt, denn es handelt sich um zwei einfache, gleichartige Kombinationen von Adjektiv und Substantiv (kleine Unternehmen, mittelständische Unternehmen).

Anders ist es, wenn Sie normalerweise nicht von „kleinen Unternehmen", sondern von „Kleinunternehmen" sprechen: Dann brauchen Sie einen Ergänzungsstrich, denn der ausgelassene Teil dieser Zusammensetzung („unternehmen") ist kein eigenes Wort, sondern ein Wortbestandteil, und genau das zeigt dieser Strich an. Richtig ist dann also: „Klein- und mittelständische Unternehmen". Das K muss in diesem Fall groß sein, sonst hieße die Langfassung „klein*ständische* Unternehmen und mittelständische Unternehmen".

Zu guter Letzt kommt es natürlich auch darauf an, in welcher Reihenfolge Sie aufzählen:

Sammel- und einzelne Lieferungen
aber: *einzelne und Sammellieferungen*

Privat- und öffentliche Mittel
aber: *öffentliche und Privatmittel*

IRRITATIONEN DURCH UNGÜNSTIGE SATZSTELLUNG

> **Lesen Sie zunächst folgenden Satz:**
>
> *Seine Karriere hat die Affäre nicht verhindert.*
>
> **Welche der folgenden Aussagen ist in Bezug auf diesen Satz korrekt?**
>
> a) Die Karriere stand der Affäre nicht im Weg.
> b) Die Affäre stand der Karriere nicht im Weg.
> c) Beide Aussagen sind richtig.
> d) Kann ich nicht entscheiden.

Ungünstig konstruierte Sätze bremsen den Lesefluss. Besonders irritierend ist es, wenn ein Satz mit einem Akkusativobjekt beginnt – also mit dem, wonach man mit „Wen oder was?" fragt –, das nicht sofort als solches zu erkennen ist. Ein Beispiel:

Die meisten Kunden im Weihnachtsgeschäft haben große Elektronikmärkte.

Beim Lesen des Satzeinstiegs erwarten wir eine Aussage darüber, was die Kunden tun (oder besitzen). Weil sie am Anfang stehen, gehen wir zunächst ganz selbstverständlich davon aus, dass sie das Subjekt des Satzes bilden. Außerdem kann man mit der klassischen Frage „Wer oder was?" (Nominativ) nach ihnen fragen; ein weiteres Indiz für ein Subjekt.

Dann aber wird klar: So ergibt der Satz keinen Sinn. Die Elektronikmärkte haben die Kunden, nicht umgekehrt.

Die Kunden stehen also im Akkusativ (Frage: „Wen oder was?"). Die Verwirrung entsteht, weil Nominativ und Akkusativ hier gleich lauten. Im folgenden Satz ist das anders:

Den größten Andrang im Weihnachtsgeschäft verzeichnen große Elektronikmärkte.

Schon durch das erste Wort ist klar, dass hier das Objekt und nicht das Subjekt des Satzes am Anfang steht. So wird der Satz im Gehirn des Lesers gleich richtig verarbeitet, der Lesefluss bleibt erhalten. Eine andere Variante ist natürlich die, das Subjekt an den Anfang zu stellen:

Große Elektronikmärkte haben im Weihnachtsgeschäft die meisten Kunden.

Wer Verwirrung stiftet, verliert die Aufmerksamkeit seiner Leser, und das sollte man nicht nur in der Unternehmenskommunikation unbedingt vermeiden.

SCHEIN UND SEIN

> **Sagen die folgenden zwei Sätze dasselbe aus?**
>
> *Anscheinend sind keine Kekse mehr da.*
> *Scheinbar sind keine Kekse mehr da.*
>
> a) Ja, die Aussage ist in beiden Sätzen identisch.
> b) Nein, das sind zwei verschiedene Aussagen.

Okay, ich würde wohl nicht fragen, wenn die beiden Sätze im obigen Beispiel inhaltlich identisch wären. Tatsächlich ist die Aussage unter streng sprachlichen Gesichtspunkten unterschiedlich.

Der erste Satz drückt aus, dass nach allen vorliegenden Indizien keine Kekse mehr im Haus sind: Die Suche im Küchenschrank, in der Speisekammer, in der Schreibtischschublade und auch sonst überall, wo im Zweifelsfall noch eine letzte Ration zu finden sein könnte, war vergeblich. Es ist also mit an Sicherheit grenzender Wahrscheinlichkeit davon auszugehen, dass kein „Notzucker" mehr da ist.

Der zweite Satz dagegen besagt, dass es nur so scheint, als seien keine Kekse mehr da, dass das aber in Wirklichkeit gar nicht stimmt. Zum Beispiel, weil der Kollege die Packung mit in sein Büro genommen hat und man sie deshalb nicht finden kann.

Das heißt: Mit „scheinbar" kann man eigentlich nur arbeiten, wenn man bereits sicher weiß, dass die Aussage tatsächlich nicht korrekt ist – dass man, um bei unserem Beispiel zu bleiben, den Kollegen mit der Kekspackung hat verschwinden sehen.

In der Umgangssprache ist dieser feine Unterschied weitestgehend verloren gegangen. Jeder deutsche Muttersprachler würde den zweiten Satz so verstehen, dass er in diesem Moment auf Kekse verzichten muss. Und in den allermeisten Fällen wird der Sprecher auch genau das gemeint haben.

In geschriebenen Texten aber lohnt es sich durchaus, vor allem bei der Verwendung von „scheinbar" genau zu überlegen. Mindestens in jedem zweiten Fall ist nämlich eigentlich „anscheinend" das korrekte Wort.

Merkhilfe:

anscheinend: allem *Anschein* nach
(es spricht nichts dagegen)
scheinbar: es *scheint* nur so
(ist aber tatsächlich anders)

ENTGEGEN, LAUT UND GEMÄSS

> **Welche der folgenden Konstruktionen sind korrekt?**
>
> a) gemäß ihrer Vorgaben
> b) gemäß ihren Vorgaben
> c) laut einem Gutachten
> d) laut eines Gutachtens
> e) entgegen dem Uhrzeigersinn
> f) entgegen des Uhrzeigersinns

In seinem Buch „Der Dativ ist dem Genitiv sein Tod"[1] beklagt Bastian Sick (unter anderem), dass der Genitiv allmählich aus der deutschen Sprache verschwindet. Bemerkenswert ist aus meiner Sicht aber auch, dass sich der Genitiv hartnäckig in einigen Konstruktionen hält, die tatsächlich den Dativ verlangen.

Das ist zum Beispiel bei Verbindungen mit „gemäß" und „entsprechend" der Fall. Wie oft liest man Formulierungen wie „gemäß der Bestimmungen des § XY" oder „entsprechend des Vorschlags".

Richtig ist aber:

gemäß den Bestimmungen des § XY

entsprechend dem Vorschlag
bzw.
dem Vorschlag entsprechend

Genauso verhält es sich mit „entgegen": Ein Kreisel dreht sich nicht entgegen des Uhrzeigersinns, sondern entgegen dem Uhrzeigersinn.

---
[1] KiWi 2004

Interessant finde ich, dass der Dativ, der sonst in so vielen Gebieten der gesprochenen Sprache den Genitiv verdrängt, in diesen Fällen selbst in Vergessenheit gerät. Sprache ist lebendig und verändert sich laufend. Deshalb ist es nicht ausgeschlossen, dass der Genitiv hier im Laufe der Zeit rechtmäßiges Territorium erwirbt und dies auch im Duden und den anderen Wörterbüchern festgeschrieben wird.

Noch aber ist allein der Dativ korrekt.

Doppelpunkt – und dann?

> **Wie schreibt man man in einem Fließtext nach einem Doppelpunkt weiter?**
>
> a) Immer groß.
> b) Nach einem Doppelpunkt schreibt man grundsätzlich klein weiter – ein Doppelpunkt ist ja kein Satzschlusszeichen.
> c) Es kommt darauf an – und zwar darauf, ob ... *(bitte begründen)*.
> d) Das ist ganz egal.

Die richtige Antwort auf die Frage, wie es nach einem Doppelpunkt weitergeht, erscheint vielen zunächst unbefriedigend: Es kommt darauf an!

Die dazugehörige Regel ist aber klar und verständlich. Es gilt nämlich Folgendes:

Ist das, was hinter dem Doppelpunkt steht, ein vollständiger Satz, beginnt er mit einem Großbuchstaben. Handelt es sich hingegen nicht um einen Ganzsatz (sondern zum Beispiel um eine Aufzählung oder spezielle Angaben in Formularen), schreibt man klein.

Beispiele:

Nicht vergessen: Am 6. Dezember ist Nikolaustag.

Wie feiern Sie Weihnachten: in trauter Zweisamkeit mit Ihrem Partner, im Kreise der Familie oder doch lieber mit vielen Freunden?

Nur der Vollständigkeit halber: Es gibt noch eine Kann-Regel, in der für bestimmte Fälle freigestellt wird, ob man groß- oder kleinschreibt. Diese müssen Sie aber nicht kennen und sich schon gar nicht merken – wenn Sie sich an die oben genannte Regel halten, sind Sie in jedem Fall auf der sicheren Seite.

AUSLASSUNGSPUNKTE

> **Steht vor und/oder hinter Auslassungspunkten ein Leerschritt oder nicht?**
>
> a) Nur in bestimmten Fällen, und zwar ...
>   *(bitte begründen)*.
> b) Grundsätzlich nicht.
> c) Grundsätzlich immer.
> d) Man kann einen Leerschritt setzen, muss aber nicht – beides ist richtig.

Auslassungspunkte sind immer zu dritt, aber manchmal steht davor und/oder dahinter ein Leerschritt und manchmal nicht. Wann gilt eigentlich was?

Wie ihr Name schon sagt, zeigen Auslassungspunkte an, dass der Schreiber etwas weglässt. In der Regel besagen sie, dass eine Rede abgebrochen oder ein Gedankenabschluss verschwiegen wird.

Beispiele:

Wer den Schaden hat ...

Wenn ich reich wäre, würde ich ...

Auslassungspunkte muss auch setzen, wer sich bei der Wiedergabe von wörtlichen Zitaten auf bestimmte Passagen beschränkt: Alle ausgelassenen Teile des Originalzitats müssen durch die drei Punkte ersetzt werden.

Was nun die Rechtschreibung angeht, gilt: Wenn ganze Wörter oder sogar Satzteile weggelassen werden, steht vor und hinter den Auslassungszeichen immer ein Leerschritt. Nur dann, wenn man lediglich einen Wort*teil* weglässt, werden die Auslassungspunkte ohne Leerschritt an das unvollständige Wort angeknüpft:

Verfl... und zugenäht!

Stehen die Auslassungspunkte am Ende eines Satzes, entfällt der Schlusspunkt, es bleibt also auch dort bei drei Punkten.[2]

Abschließend noch ein Hinweis zum stilistischen Aspekt von Auslassungspunkten: Vor allem in Online-Foren sind häufig Beiträge zu lesen, in denen mindestens jeder zweite Satz mit Auslassungspunkten endet. Eine solche Häufung wirkt auf viele Menschen zaghaft und unentschlossen. Wie bei fast jedem Stilmittel liegt die Kunst darin, sie angemessen zu dosieren.

---

[2] Mehr zu diesem Thema ab Seite 53.

TAGESZEITANGABEN

> **Welcher der folgenden Sätze ist korrekt geschrieben?**
>
> a) Ich gehe freitags abends laufen, also morgen Abend wieder.
> b) Heute morgen habe ich, wie immer Mittwochs, eine Telefonkonferenz gehabt.
> c) Wenn du morgen Vormittag für mich einspringst, nehme ich dir nächste Woche einmal Abends die Kinder ab.

Wie schreibt man eigentlich Tageszeit- und Wochentagsangaben richtig? Das System dahinter ist recht einfach und vor allem einheitlich. Wenn Sie es sich einmal bewusst machen, werden Sie damit keine Probleme mehr haben.

Regel 1: In Verbindung mit *heute, morgen, gestern* usw. wird die Tageszeit als Substantiv angesehen und deshalb großgeschrieben:

gestern Morgen, heute Mittag, morgen Abend

Eine kleine Besonderheit vermerkt der Duden allerdings: *heute früh* schreibt man in Deutschland meistens klein, in Österreich dagegen groß (*heute Früh*).

Regel 2: Verbindungen von Wochentagen und Zeitangaben schreibt man zusammen.

Montagmorgen, Dienstagvormittag, Mittwochnachmittag, Donnerstagabend

Regel 3: Als Adverb wird die Tageszeitangabe kleingeschrieben.

morgens, mittags, abends
(genauso auch: *montags, dienstags*)

Wenn Sie hier die Verbindung mit dem Wochentag brauchen, haben Sie zwei Möglichkeiten: Entweder Sie schreiben *dienstagabends* oder *dienstags abends*.

Gehängt oder gehangen?

> **Wie heißt es richtig?**
>
> a) Sie haben am letzten Dienstag im Garten die Wäsche aufgehängt.
> b) Sie haben am letzten Dienstag im Garten die Wäsche aufgehangen.
> c) Beides ist richtig.
> d) Beides ist falsch.

Hat jemand seine Jacke aufgehängt oder aufgehangen? Ist das eine nur Dialekt bzw. umgangssprachlich oder steckt mehr dahinter? Tatsächlich geraten hier verschiedene Dinge durcheinander. Es gibt nämlich zwei Formen des Verbs „hängen".

Die sogenannte transitive Form, bei der *jemand* einen Gegenstand *an etwas anhängt*, steht zusammen mit einem Akkusativobjekt:

Er hängt (wen oder was?) *seine Jacke an die Garderobe.*

Die andere (intransitive) Form benötigt kein Objekt. Bei ihr ist der Gegenstand, der irgendwo hängt, selbst das Subjekt des Satzes:

Die Jacke (wer oder was?) *hängt an der Garderobe.*

Das ist schon das ganze Geheimnis, das Sie kennen müssen, um zu entscheiden, ob die Vergangenheitsform „gehängt" oder „gehangen" lautet. Für die transitive Form, also die mit dem Akkusativobjekt, ist „hängte/gehängt" richtig, für die intransitive Form muss es „hing/gehangen" heißen.

Einige Beispiele:

> *Dort hat die Uhr vorhin noch gehangen.*

> *Sie hat ihren Beruf an den Nagel gehängt.*

> *Gestern hing das Bild noch da. Dann habe ich es abgehängt.*

> *Früher haben wir auf dem Schulhof abgehangen.*

Kommasetzung bei mehreren Adjektiven

> **Hier zunächst wieder zwei Beispielsätze:**
>
> *(1) Können Sie mir noch einen weiteren spannenden Film empfehlen?*
> *(2) Können Sie mir noch einen weiteren, spannenden Film empfehlen?*
>
> **Wie bewerten Sie diese beiden Fragen im Vergleich?**
>
> a) Inhaltlich sind diese beiden Fragen identisch, das Komma ist optional.
> b) Das Komma verändert die Aussage, nämlich ... *(bitte erläutern)*.

Wenn Sie ein Hauptwort mit mehreren Eigenschaftswörtern näher beschreiben wollen, sollten Sie gut über Ihre Zeichensetzung nachdenken. Denn ein Komma kann die Aussage des Satzes stark verändern. Ein Beispiel:

Gibt es eigentlich andere aussagekräftige Unterlagen zu diesem Thema?

Gibt es eigentlich andere, aussagekräftige Unterlagen zu diesem Thema?

Im ersten Satz habe ich bereits aussagekräftige Unterlagen gelesen und erkundige mich, ob es noch mehr nützliche Informationen gibt. Die beiden Adjektive sind gleichrangig, deshalb steht zwischen ihnen kein Komma.

Der zweite Satz aber erfährt nur durch das eingefügte Komma eine inhaltliche Wendung: Ich frage nach anderen Unterlagen, die *im Gegensatz zu denen, die mir vorliegen,* aussagekräftig sind.

Noch ein Beispiel:

> *Ich bin auf der Suche nach einem neuen, leistungsfähigen Aktenvernichter.*
>
> *Ich bin auf der Suche nach einem neuen leistungsfähigen Aktenvernichter.*

Der erste Satz impliziert, dass mein derzeitiger Schredder nicht leistungsfähig ist. Ohne das Komma sage ich hingegen aus, dass auch der alte Schredder ganz schön was geschafft hat.

ZAHLEN IM FLIESSTEXT

> **Wie schreibt man Zahlen in einem Fließtext?**
>
> a) Das kann man ganz frei wählen – Hauptsache, es ist einheitlich.
> b) Die Zahlen von 1 bis 12 schreibt man als Wort, ab 13 aufwärts in Ziffern.
> c) In Fließtexten schreibt man grundsätzlich alle Zahlen mit Ziffern.
> d) Man schreibt in Fließtexten grundsätzlich alle Zahlen als Wörter.

Die meisten von uns haben in der Schule gelernt, dass man Zahlen bis einschließlich 12 in Fließtexten ausschreibt und ab 13 aufwärts als Ziffern. Diese alte Buchdruckerregel gilt heute nicht mehr. Grundsätzlich können Sie genauso gut von drei Kindern schreiben wie von 3 Kindern, von 7 Zwergen ebenso wie von sieben Zwergen.

Das gilt auch, wenn Sie bei Mengenangaben in Fließtexten die Einheiten ausschreiben: Die dazugehörigen Zahlen können Sie sowohl als Ziffern als auch als Wörter schreiben (2 Euro, zwei Euro). Vor Zeichen und Abkürzungen von Maßen, Währungen usw. stehen allerdings immer Ziffern (6 kg, 5 €).

Auch Zahlen über 13 können ausgeschrieben werden. Als Kriterium dafür gilt allgemein die Übersichtlichkeit – dieses Kriterium ist allerdings subjektiv: „Hundert" ist zweifellos übersichtlich, aber kann man beispielsweise das Wort „achthundertdreißig" noch mühelos überblicken? Machen Sie es im Zweifelsfall Ihren Lesern leicht, indem Sie Ziffern schreiben.

Bei vergleichenden Angaben sollten die Zahlen in jedem Fall einheitlich geschrieben sein, entweder alle als Ziffern oder alle als Wort. In der Regel empfiehlt es sich, Ziffern zu schreiben, weil der Leser sie schneller erfasst:

*Von 38 Teilnehmern haben 11 mit „befriedigend",
23 mit „gut" und 4 mit „sehr gut" bestanden.*

Zurzeit oder zur Zeit?

> **Schreibt man richtig „zur Zeit" oder „zurzeit"?**
>
> a) Die Schreibweise „zur Zeit" ist richtig.
> b) Beides kann richtig sein – je nachdem, was ausgedrückt werden soll.
> c) Die Schreibweise „zurzeit" ist die richtige.
> d) Beide Schreibweisen sind falsch.

Es gibt eine Wendung, die ich in unkorrigierten Texten sehr häufig falsch geschrieben sehe: „zurzeit". Ich kann das gut nachvollziehen, denn erst einmal sieht diese Schreibweise gewöhnungsbedürftig aus.

In den meisten Fällen will man damit ja ausdrücken, dass etwas gerade jetzt, in diesen Tagen oder in der laufenden Saison geschieht. Für diese Bedeutung ist nur die Schreibweise „zurzeit" zulässig.

Es gibt zurzeit keine deutschen Erdbeeren.

Zurzeit ist niemand erreichbar.

Merkhilfe:
Wenn sich die Wendung durch „derzeit" ersetzen lässt, ohne dass der Sinn der Aussage sich verändert, wird sie auch genauso geschrieben wie „derzeit" – also klein und in einem Wort.

Die Schreibweise „zur Zeit" liegt vielen von uns auf Anhieb näher. Sie ist aber reserviert für Aussagen, in denen man sich auf eine ganz bestimmte Zeit oder Zeitspanne bezieht, die als Attribut im Anschluss genannt wird:

Er lebte zur Zeit Ludwigs XIV.

Auch hier eine <u>Hilfestellung</u>: Wenn Sie „zur Zeit" ohne Bedeutungsveränderung durch „zu *der* Zeit" ersetzen können, schreiben Sie auseinander.

Aktuelles zum Thema „aktuell"

> **Zu welcher Wortart gehört das Wort „aktuell"?**
>
> a) Es ist ein Adjektiv („aktuelle Informationen").
> b) Es ist ein Adverb („Es gibt aktuell keine Neuigkeiten.")
> c) Es kann sowohl Adjektiv als auch Adverb sein.

Die Temperatur in der Innenstadt beträgt aktuell 25 Grad.

So oder so ähnlich erklingt es jeden Morgen aus dem Radio. Die Temperatur mag Anlass zur Freude sein, die Grammatik ist es definitiv nicht. Es geht hier um das Wort „aktuell", das falsch benutzt wird – ein Fehler, den ich in den letzten Jahren immer häufiger beobachte.

„Aktuell" ist ein Adjektiv, auch „Wie-Wort" genannt, das die Eigenschaft eines Substantivs beschreibt. Das bedeutet: Der Radiosprecher kann den *aktuellen Wetterbericht* oder die *aktuelle Wettervorhersage* verlesen oder auch sagen: „In der Innenstadt liegt die *aktuelle Temperatur* bei 13 Grad." Im oben genannten Zitat wird „aktuell" aber als Adverb gebraucht, also in einer Form, die sich auf das Verb bezieht („beträgt aktuell"). Und das ist im Deutschen falsch. Richtig wäre dort zum Beispiel „zurzeit"[3] oder „derzeit".

Merken können Sie sich also: Wenn Sie einen Satz geschrieben haben, in dem sich „aktuell" durch „zurzeit" ersetzen lässt, ist „aktuell" die falsche Wahl!

Woher dieser auch bei professionellen Schreibern weit verbreitete Fehler kommt, weiß ich leider nicht. Hinweise

---

[3] Mehr zum Thema „zur Zeit" und „zurzeit" finden Sie auf Seite 31.

nehme ich gern entgegen – wenn ich die Erklärung gefunden habe, werde ich sie natürlich sofort in meinem Blog (www.sprachpingel.de) veröffentlichen.

Die englische Sprache ist in diesem Fall ausnahmsweise unschuldig, obwohl auch sie im Zusammenhang mit „aktuell" für einen häufigen Fehler sorgt. Der gehört aber in die Gruppe der sogenannten falschen Freunde, also der verschiedensprachigen Wortpaare, die ähnlich klingen, aber nicht dasselbe bedeuten: Das englische „actually" wird häufig mit „aktuell" übersetzt, bedeutet aber „tatsächlich" oder „eigentlich".

Selbst oder selber?

> **Gibt es einen Unterschied zwischen „selbst" und „selber"?**
>
> a) Ja, „selbst" und „selber" sind zwei ganz unterschiedliche Begriffe, denn ... *(bitte begründen).*
> b) Ja, es gibt einen Unterschied, aber der ist sehr fein, nämlich ... *(bitte erläutern).*
> c) Nein, da gibt es keinen Unterschied. Die beiden Wörter sagen genau dasselbe aus.

Ob ich nun *selbst* meine Buchhaltung mache oder *selber*, ist doch gehupft wie gesprungen.

Stimmt das wirklich?

In der gesprochenen Sprache vielleicht, obwohl es auch da auf die Gesprächssituation (und natürlich auf die sprachliche Sensibilität Ihres Gegenübers) ankommt. Im Schriftdeutsch, zu dem natürlich auch die Unternehmenskommunikation gehört, sollten Sie das standardsprachliche „selbst" verwenden, denn „selber" gehört zur Umgangssprache.

Wie fast überall, gibt es aber auch hier eine kleine Ausnahme: Wenn „selbst" in der Bedeutung von „sogar" verwendet wird, kann dies in bestimmten Satzkonstruktionen zu Missverständnissen führen. Ein Beispiel:

> *Selbst schreiben ist für viele Menschen eine große Herausforderung.*

In der gesprochenen Sprache wird hier durch die Betonung klar, was gemeint ist: Liegt sie auf „schreiben", ist klar, dass das „Selbst" am Satzanfang in der Bedeutung „sogar" gemeint ist. Diese Möglichkeit der Betonung haben Sie im geschriebenen Satz aber nicht. Um deutlich zu machen, dass Sie *nicht* „sogar" meinen, dürfen Sie in solchen Fällen auch im Schriftdeutsch das Wort „selber" verwenden.

Zeichensetzung bei Zitaten

> **In welchem/welchen der folgenden Sätze ist die Zeichensetzung korrekt?**
>
> a) Im Wetterbericht hieß es gestern: „Es kann hin und wieder regnen".
> b) Im Wetterbericht hieß es gestern, es könne „hin und wieder regnen".
> c) Im Wetterbericht hieß es gestern: „Es kann hin und wieder regnen."
> d) Im Wetterbericht hieß es gestern, es könne „hin und wieder regnen."

Wenn ich wissenschaftliche Texte lektoriere, stelle ich häufig fest, dass die richtige Zeichensetzung bei Zitaten vielen Menschen Schwierigkeiten bereitet. Ein Zitat wird in Anführungszeichen gesetzt, so viel ist klar. Wie aber verhält es sich mit den Satzzeichen und den Fußnoten?

Wenn Sie einen vollständigen Satz wörtlich zitieren, dann steht dieser Satz auch vollständig in Anführungszeichen. Das heißt: Das Abführungszeichen steht <u>hinter</u> dem Satzschlusszeichen.

Auf dem Schild dort steht: „Vorsicht vor dem Hund!"

Diese Regel gilt auch, wenn Sie innerhalb eines Fließtextes einen vollständigen Satz eines anderen Autors zitieren. Die dazugehörige Fußnote steht dann hinter dem Abführungszeichen.

Anders verhält es sich, wenn Sie nur einen Satzteil zitieren und in einen Ihrer eigenen Sätze einbinden. Dann nämlich gehört der Schlusspunkt zu Ihrem Text und steht hinter dem Abführungszeichen. Beispiel:

> *Angela Merkel sagte, es handle sich um*
> *„ein Projekt von strategischer Bedeutung".*

Die Position der Fußnote hängt in einem solchen Fall davon ab, ob der Literaturnachweis wirklich nur für den zitierten Teil gilt; dann steht die Fußnote hinter dem Abführungszeichen. Wenn aber das, was Sie in Ihren Worten geschrieben haben, inhaltlich auch aus der angegebenen Quelle stammt, dann setzen Sie die Fußnote hinter den Schlusspunkt.

Das Komma bei Vergleichen mit „als"

> **In welchem der folgenden Sätze ist die Zeichensetzung korrekt?**
>
> a) Seine kleine Schwester ist jetzt schon größer, als er.
> b) Heute ist das Wetter viel besser, als der Wetterfrosch im Radio es vorhergesagt hat.
> c) Die britische Küche ist besser als ihr Ruf es vermuten lässt.

Die Konjunktion „als" führt viele Menschen aufs Glatteis, wenn es darum geht, in vergleichenden Sätzen das Komma richtig zu platzieren. Und „richtig zu platzieren" kann in diesen Fällen durchaus auch mal bedeuten, dass man gar kein Komma setzt.

So heißt es zum Beispiel:

Beim Neujahrsspringen schnitten die deutschen Sportler schlechter ab als erwartet.

Hier dagegen setzt man ein Komma:

Beim Neujahrsspringen schnitten die deutschen Sportler schlechter ab, als die Experten erwartet hatten.

Wo genau liegt aber nun der Unterschied?

Im ersten Beispiel werden lose Satzteile verglichen (schlechter als erwartet). Im zweiten Beispiel aber handelt es sich bei dem, was mit „als" beginnt, um einen untergeordneten Teilsatz mit Subjekt (Experten) und Prädikat (erwartet hatten). Wenn das der Fall ist, gehört vor das „als" ein Komma.

Weitere Beispiele:

> *Es ist kälter als gedacht.*
> Aber: *Es ist kälter, als ich dachte.*

> *Er ist klüger als sein Bruder.*
> Aber: *Er ist klüger, als seine Lehrerin glaubt.*

> *Spinat enthält weniger Eisen als vermutet.*
> Aber: *Spinat enthält weniger Eisen, als man meint.*

Zeitabstand oder Zeitspanne?

> **Eine Zeitschrift, deren Redaktion alle zwei Wochen eine neue Ausgabe auf den Markt bringt, erscheint ...**
>
> a) 14-tägig.
> b) 14-täglich.
> c) Beide Möglichkeiten sind korrekt.

Wir treffen uns 14-tägig im Restaurant XY.

Diesen Satz las ich neulich in einer Stadtteilzeitung. Vor meinem inneren Auge sah ich Menschen, die 14 Tage lang in diesem Restaurant sitzen, rund um die Uhr. Ein Restaurantbesuch ist ja etwas Schönes, aber 14 Tage lang?

Gemeint war natürlich „alle 14 Tage einmal", was mit „14-täglich" korrekt ausgedrückt gewesen wäre. Die richtige Bedeutung lässt sich zwar mit wenig Logik erschließen, aber das ist kein Argument dafür, falsches Deutsch zu schreiben. „14-tägig" kann vielleicht eine Fortbildung sein oder ein Urlaub: Termine oder Ereignisse, die 14 Tage lang andauern.

Kein deutscher Muttersprachler würde behaupten, er gehe „tägig" und nicht „täglich" zur Arbeit. Trotzdem stolpern nur wenige über den gleichen Fehler, wenn das Ganze mit einer Zahl kombiniert wird. Aus welchem Grund auch immer, die Zahl scheint viele Menschen durcheinanderzubringen.

Dabei ist es eigentlich ganz einfach: Findet etwas in regelmäßigen Abständen immer wieder statt, endet die entsprechende Bezeichnung auf -lich: Eine zweijährliche

Veranstaltung etwa findet alle zwei Jahre statt, ein vierwöchentliches Treffen alle vier Wochen.

Beschreibt man hingegen etwas, das für die Dauer der Zeitangabe anhält, so endet diese Angabe auf -ig:

> *Unternehmen und Gewerkschaften haben sich nach mehr als 10-monatigen Verhandlungen geeinigt.*

Kopplungen

> **Welche der folgenden Schreibweisen ist korrekt?**
>
> a) Social Media Plattform
> b) Social Media-Plattform
> c) Social-Media-Plattform
> d) Social-Media Plattform

Bindestriche gehören zu den besonders stark vernachlässigten Zeichen in der deutschen Schriftsprache. Selbst in Nachrichtensendungen des öffentlich-rechtlichen Fernsehens kommen sie in den Schrifteinblendungen inzwischen häufiger mal abhanden. Besonders auffällig ist dieses Phänomen aber bei Kopplungen mit mehrteiligen englischen Begriffen oder Eigennamen.

Der Begriff „Corporate Design" zum Beispiel ist für viele von uns inzwischen gebräuchlich. Steht er allein, wird er ohne Bindestrich geschrieben. In dem Moment jedoch, in dem er mit einem deutschen Wort zu einem neuen Gesamtbegriff kombiniert wird, muss die gesamte Konstruktion durchgekoppelt werden:

Corporate-Design-Richtlinien, Corporate-Design-Handbuch

Weitere Beispiele:

*Interim-Management-Vereinbarung, Dire-Straits-Platten,
Venture-Capital-Unternehmen, Happy-Hour-Angebot*

Dasselbe gilt aber auch für Aneinanderreihungen deutscher Begriffe, etwa Kombinationen mit Eigennamen: Natürlich schreibt man zum Beispiel „Max Planck" ohne

Bindestrich, schließlich handelt es sich um einen Vor- und Nachnamen, zwei getrennte Bezeichnungen also. „Max-Planck-Institut" aber bezeichnet als Ganzes etwas Neues, und genau diese Gesamtheit muss durch die Kopplung dokumentiert werden.

Eine Regelung übrigens, die nicht erst seit der neuen Rechtschreibung gilt und die sehr viele Unternehmen und Institutionen bis heute ignorieren: Schreibweisen wie „Robert Koch-Institut" oder „Johann Wolfgang Goethe-Universität" sind schlicht falsch.

Ableitungen aus Ortsbezeichnungen

> **Welche(r) der folgenden Sätze ist/sind korrekt geschrieben?**
>
> a) Ein Stuttgarter Geschäftsmann in einem italienischen Maßanzug geht in ein Hamburgisches Fischlokal.
> b) Ein Stuttgarter Geschäftsmann in einem italienischen Maßanzug geht in ein hamburgisches Fischlokal.
> c) Ein stuttgarter Geschäftsmann in einem italienischen Anzug geht in ein Hamburgisches Fischlokal.
> d) Ein Stuttgarter Geschäftsmann in einem italienischen Maßanzug geht in ein Hamburger Fischlokal.

Warum schreibt man eigentlich in „Frankfurter S-Bahn" das F groß, das d in „deutsche Autobahn" aber klein? Oder allgemeiner gefragt: Welche Regeln gibt es, wenn Dinge nach Orten oder Regionen bezeichnet werden?

Grundsätzlich unterscheidet man danach, ob es sich um Ableitungen aus Einwohnerbezeichnungen handelt oder um echte Adjektive. Die Ableitungen enden immer auf -er:

Münch(e)ner, Frankfurter, Hannoveraner usw.

Sie werden immer großgeschrieben. Man kann sie auch daran erkennen, dass sie im Satzzusammenhang nicht gebeugt werden, dass die Endung -er also immer unverändert bleibt.

Die Adjektive dagegen enden auf -sch:

deutsch, französisch, spanisch usw.

Wie alle anderen Adjektive werden sie grundsätzlich kleingeschrieben und dem Satzzusammenhang entsprechend gebeugt:

Heute gibt es spanische Tomaten im Angebot.

Hast du gestern den schwedischen Krimi gesehen?

Die Unterscheidung richtet sich aber nicht ausschließlich danach, ob es sich um Städte- oder um Länderbezeichnungen handelt. Manchmal sind auch beide Formen möglich und gängig: So kann man zum Beispiel sowohl „Hamburger Spezialitäten" als auch „hamburgische Spezialitäten" sagen, und „Schweizer Berge" ist ebenso korrekt wie „schweizerische Berge".

Mal und mal

> **Welche der folgenden Schreibweisen ist falsch?**
>
> a) zehnmal
> b) zehn Mal
> c) 10-mal
> d) zehn mal

Ein zwar kleines, aber besonders wandlungsfähiges Wort im Deutschen ist „mal". Es kann vieles ausdrücken, und diese Vielfalt schlägt sich auch in den Schreibweisen nieder. Groß, klein, mit weiteren Wörtern zusammen oder getrennt – fast alles ist möglich. Sortieren wir mal:

Als Kurzform von „einmal" schreibt man „mal" grundsätzlich klein (und ohne Apostroph davor!):

Sagen Sie das noch mal!
Komm mal her!

Kleinschreibung gilt auch, wenn es um Multiplikationen geht:
Vier mal drei ist zwölf.

Wenn es im Sinne von einzelnen, klar definierten Gelegenheiten gemeint ist, ist das Wort ein Substantiv und muss damit großgeschrieben werden:

dieses Mal, jedes Mal, das eine Mal, von Mal zu Mal

Wenn „mal" mit einem anderen Wort so verschmolzen ist, dass dieses andere Wort Buchstaben eingebüßt hat, schreibt man zusammen:

*ein andermal (*für: *ein ander**es** Mal)*
*diesmal (*für: *dies**es** Mal)*
*manchmal (*für: *manch**es** Mal)*

Knifflig kann es werden, wenn Zahlen ins Spiel kommen. In der Regel schreibt man „mal" dann klein und die ganze Kombination zusammen, sofern die Zahl als Wort geschrieben ist (*dreimal täglich*). Mit Ziffern bekommt sie einen Bindestrich (*3-mal täglich*). Wenn die Betonung nicht allein auf der Zahl liegt, sondern auf beiden Teilen, kann man das durch Getrenntschreibung verdeutlichen, wobei „Mal" dann wieder ein großes M bekommt:

*Ich musste **sechs Mal** klingeln, bevor jemand öffnete!*

Striche über Striche

> **Unter welchen Umständen ist ein langer Strich (–) <u>nicht</u> von Leerschritten eingefasst?**
>
> a) Der lange Strich ist immer von Leerschritten eingefasst.
> b) Wenn er ein Gedankenstrich ist.
> c) Wenn er eine Verbindung zwischen zwei Orten ausdrückt.
> d) Wenn er das Wort „gegen" ersetzt (z. B. bei sportlichen Wettkämpfen).

Bindestrich, Ergänzungsstrich, Gedankenstrich, Streckenstrich: Wo setzt man eigentlich welchen, und wo sind Leerschritte erforderlich?

Der Bindestrich ist kurz und steht ohne Leerschritte. Er verbindet Wörter zu Einheiten, wenn diese zusammengeschrieben zu unübersichtlich (Beispiel: *Schokoladen-Adventskalender*) oder anderweitig missverständlich wären: Ein „Druckerzeugnis" beispielsweise könnte sowohl ein Druck-Erzeugnis als auch ein Drucker-Zeugnis sein.

Der Bindestrich muss gesetzt werden in Verbindung mit Einzelbuchstaben, Zahlen oder Abkürzungen (*t-förmig, 100-prozentig, Kfz-Papiere*). Ebenfalls verpflichtend ist er als Ergänzungsstrich, wenn man gleiche Wortteile einspart, statt sie doppelt zu nennen (*Lebkuchen- und Glühweinstand*).

Der Gedankenstrich ist länger als der Bindestrich und wird immer von Leerzeichen eingefasst. Er steht zum Beispiel dort, wo man beim Sprechen eine deutliche Pause machen würde:

Es war völlig still – bis auf das leise Knistern im Kamin.

Der Gedankenstrich grenzt auch Einschübe vom umgebenden Satz ab:

*Letztes Jahr – weißt du noch? – hatten wir
auch so viel Schnee.*

Genau so ein langer Strich mit umgebenden Leerzeichen steht für „gegen" in sportlichen Wettkämpfen:

*Die Partie St. Pauli – Kaiserslautern
beginnt um 20.30 Uhr.*

Nur wenigen geläufig ist dagegen der Streckenstrich, der ebenfalls lang ist, aber ohne Leerschritte steht:

*Die Strecke Hamburg–Himmelpforten
ist zurzeit überlastet.*

Dasselbe gilt für den Strich, der das Wort „bis" ersetzt: Auch er ist lang und steht ohne Leerschritte:

Öffnungszeiten Heiligabend: 9–14 Uhr [4]

---

[4] Mehr zum Bis-Strich im nächsten Kapitel (Seite 51).

Bezeichnung von Mengen, Zeiträumen oder Größenordnungen

> **Welche der folgenden Aussagen ist/sind sprachlich korrekt?**
>
> a) Die Temperaturen liegen zwischen 15 und 20 Grad.
> b) Die Temperaturen liegen zwischen 15 bis 20 Grad.
> c) Die Temperaturen reichen von 15–20 Grad.
> d) Die Temperaturen reichen von 15 bis 20 Grad.

Die Bezeichnung von Zeiträumen oder Größenbereichen ist grundsätzlich auf zwei Arten möglich: mit „von X bis Y" oder mit „zwischen X und Y". Das klingt erst einmal recht übersichtlich, doch dieser Eindruck täuscht offenbar.

Erstaunlich häufig lese und höre ich zum Beispiel so etwas wie „Preise zwischen 10 bis 20 Euro", eine Form also, bei der die zwei oben genannten Varianten gemischt sind. Entweder man spricht von „Preisen (in Höhe) von 10 bis 20 Euro" oder von „Preisen zwischen 10 und 20 Euro". Alles andere ist sprachlich falsch.

Eine Schwierigkeit kommt hinzu, wenn das Ganze geschrieben werden soll. Schließlich gibt es bei der Variante mit „von ... bis" ja auch noch die Möglichkeit, das Wort „bis" durch den langen Strich zu ersetzen (vgl. „Striche über Striche", Seite 49). Nehmen wir einmal an, Sie haben ein Fitnessstudio und bieten einen Kurs an, der jeden Montag um 10 Uhr beginnt und um 11 Uhr zu Ende ist. Diesen Zeitraum von einer Stunde können Sie auf zwei Arten korrekt angeben:

<u>entweder:</u> *montags, 10–11 Uhr*
(bzw. Montag, 10–11 Uhr)

<u>oder:</u> *montags von 10 bis 11 Uhr*
(bzw. Montag von 10 bis 11 Uhr)

Die Kombination aus „von" und dem Bis-Strich (also „montags von 10–11 Uhr") ist falsch! Als Faustregel können Sie sich merken:

Wer „von" schreibt, muss auch „bis" schreiben.

Die Schreibweise mit dem Bis-Strich ist in Ordnung für tabellarische Aufstellungen oder einzeln stehende Zusatzangaben. In Fließtexten würde ich aber immer die ausgeschriebene Variante mit „von" und „bis" wählen.

AUSLASSUNGSPUNKTE MIT ANDEREN SATZZEICHEN

> **Wird der letzte Teil eines Satzes durch drei Auslassungspunkte ersetzt, dann ...**
>
> a) entfällt das Satzzschlusszeichen.
> b) steht das Satzschlusszeichen in jedem Fall trotzdem hinter den Auslassungspunkten.
> c) entfällt das Satzschlusszeichen, wenn es ein Punkt gewesen wäre.
> d) kann man sich aussuchen, ob man trotzdem noch das Satzschlusszeichen setzt.

Auslassungspunkte zeigen an, dass ein Satz unvollständig ist. Sie sind immer genau zu dritt und meist durch einen Leerschritt vom davor und dahinter stehenden Text getrennt. Einzige Ausnahme: Wenn ein Teil eines Worts durch Punkte ersetzt wird, stehen diese ohne Leerschritt (Beispiel: „Verfl...!").

Darüber finden Sie auf Seite 21/22 ausführlichere Informationen. Wie aber verhält es sich, wenn Auslassungspunkte mit anderen Satzzeichen zusammentreffen? Hier die wichtigsten Regeln:

Wenn der Satz an einer Stelle abbricht, an der normalerweise ein Komma stehen müsste, dann entfällt dieses Komma.

Hätte ich das gewusst ...
(statt: *Hätte ich das gewusst, wäre ich früher gekommen.*)

Stehen die Auslassungspunkte am Satzende, dann entfällt der Satzschlusspunkt, sofern der vollständige Satz mit einem Punkt geendet hätte.

Hätte ich das gewusst ... Aber ich erfuhr es erst später.
(statt: Hätte ich das gewusst, wäre ich früher gekommen.
Aber ich erfuhr es erst später.)

Das gilt aber nicht, wenn die Auslassungspunkte in einer Klammer stehen. In diesem Fall bekommt der Satz trotzdem einen Schlusspunkt.

Er sieht täglich die ZDF-Nachrichtensendungen
(heute, heute-journal ...).

Frage- oder Ausrufezeichen werden auch nach Auslassungspunkten gesetzt:

Würde sie wirklich ...?
Na, warte ...!

Männlein und Weiblein in der Sprache

> **Sie schreiben einen Text über Berufe und sollen jeweils beide Geschlechter berücksichtigen. Was sollten Sie dabei grundsätzlich vermeiden?**
>
> a) Die Schreibung mit Klammern, also z. B. „Lehrer(innen)"
> b) Beide Formen auszuschreiben, also z. B. „Lehrerinnen und Lehrer"
> c) Die Schreibung mit großem Buchstaben im Wortinneren, also z. B. „LehrerInnen"

Was geht Ihnen durch den Kopf, wenn Sie das Wort „Binnenmajuskel" hören? Nichts Angenehmes vermutlich. Ich dachte erst an ein Geschwür oder etwas ähnlich Lästiges aus dem medizinischen Bereich. Es ist nichts dergleichen, und trotzdem verursacht es mir hin und wieder Unwohlsein. Das liegt aber an meinem Beruf.

Eine Binnenmajuskel ist nämlich ein Großbuchstabe im Wortinneren, wie in „BahnCard" oder „DaimlerChrysler". Während sich der Duden zu solchen unternehmensspezifischen Wortkreationen eher neutral äußert, gibt es klare Ansagen bezüglich der allgemeinen Rechtschreibung: Dort sind Binnenmajuskeln nicht erlaubt.

Das betrifft vor allem Ausdrücke, die die männliche und die weibliche Form eines Begriffs gleichzeitig umfassen sollen, etwa „MitarbeiterInnen" oder „KollegInnen". Zwar ist dies die platzsparendste Variante, aber sie ist trotzdem falsch. Es gibt einfache Regeln für die korrekte Schreibweise dieser Doppelformen:

Wenn die weibliche Form eine nur um eine Endung erweiterte Variante der männlichen Form ist, schreibt man einen Schrägstrich und einen Ergänzungsstrich:

Mitarbeiter/-innen, Assistent/-in

Wenn auch die männliche Form eine eigene Endung hat (z. B. Kollegen und Kolleginnen), ginge diese bei entsprechender Schreibung verloren; „Kolleg/-innen" ist deshalb ebenso falsch wie „KollegInnen". Hier müssen beide Formen ausgeschrieben werden:

Kolleginnen und Kollegen

Gleiches gilt, wenn männliche und weibliche Form sich zusätzlich durch Umlautbildung unterscheiden, zum Beispiel:

Arzt und Ärztin

Einen Ausweg kann die Schreibweise mit Klammern bieten: „Kolleg(inn)en" ist weiblich, wenn man nur die Klammern weglässt, und männlich, wenn man die Klammern einschließlich deren Inhalt streicht. Der Haken dabei ist eher politischer als sprachlicher Natur: Weil dies bei manchen Menschen den Eindruck erweckt, die feminine Endung sei zweitrangig, handeln Sie sich damit möglicherweise auch Ärger ein. In der direkten Anrede sollten Sie in jedem Fall beide Formen ausschreiben.

Relativpronomen bei „eines der"

> Nehmen wir mal an, Sie waren kürzlich in einem Konzert, das Ihnen besonders gut gefallen hat. Was sagen Sie hinterher, wenn Sie noch in der Lage sind, korrektes Deutsch zu sprechen?
>
> a) „Das war wirklich eins der besten Konzerte, das ich je gesehen habe!"
> b) „Das war wirklich eins der besten Konzerte, die ich je gesehen habe!"
> c) Das ist beides richtig.
> d) Das ist beides falsch.

Klare Sache? Oder zögern Sie, ob es bei dem Satz im Kasten oben „das" oder „die" heißen muss? Ich schätze, dass mindestens 7 von 10 Menschen hier ins Schlingern geraten, weil auf den ersten Blick nicht eindeutig ist, worauf sich das Relativpronomen beziehen muss: auf „eins" oder auf die Konzerte.

Herleiten können Sie sich die richtige Lösung, indem Sie den Satz einmal umformulieren. Beginnen Sie mit:

Von all den Konzerten ...

Nun wird klar, dass sich das Relativpronomen nur auf die Konzerte beziehen kann: Von all den Konzerten, die ich je gesehen habe, war dies eins der besten. Demzufolge heißt auch der obige Satz richtig:

Das war eins der besten Konzerte,
<u>die</u> ich je gesehen habe!

Jetzt erscheint es völlig logisch, und vielleicht fragen Sie sich, wie man je auf die Idee kommen könnte, hier ein „das" einzusetzen. Trotzdem kommt der Zweifel bei solchen Sätzen interessanterweise immer wieder. Künftig wissen Sie, wie Sie ihn ausräumen.

Wie denn nun – so weit oder soweit?

> **Welche der folgenden Schreibweisen ist korrekt?**
>
> a) Es ist wieder so weit!
> b) Es ist wieder soweit!
> c) Beide Schreibweisen sind richtig.
> d) Beide Schreibweisen sind falsch.

Bei der Getrennt- und Zusammenschreibung können einen schon kleinste Wörter ins Grübeln bringen: Kombinationen mit „so" gehören definitiv in diese Kategorie. Heißt es „so weit" oder „soweit", „so viel" oder „soviel", „so oft" oder „sooft"?

Sie ahnen es, auch wenn Sie es vielleicht lieber nicht hören wollen: Es kommt darauf an. Die gute Nachricht ist aber, dass es nicht halb so kompliziert ist, wie Sie möglicherweise meinen.

Zusammengeschrieben werden „soweit", „soviel" und „sooft" nur dann, wenn sie als Konjunktion einen Nebensatz einleiten. Kleine Merkhilfe: Bei „soweit" und „soviel" ist damit meist verbunden, dass Sie die Aussage des Hauptsatzes vorsichtig einschränken.

Soweit/soviel ich weiß, ist er noch im Urlaub.

Sooft ich es versucht habe, funktionierte es nicht.

In *allen* anderen Fällen schreiben Sie „so" getrennt vom zweiten Teil, auch wenn Sie es noch so oft (!) anders lesen. Es heißt *nicht* „Es ist soweit!", sondern „Es ist so weit!".

Weitere Beispiele:

Ich versuche, so viel wie möglich zu schaffen.

So weit die Theorie. Kommen wir nun zur Praxis.

Das können Sie so oft machen, wie Sie wollen.

Recht und recht

> **Welcher der folgenden Sätze ist korrekt geschrieben?**
>
> a) Das geschieht ihm Recht – er hätte besser früher nach dem Rechten sehen sollen.
> b) Das geschieht ihm Recht – er hätte besser früher nach dem rechten sehen sollen.
> c) Das geschieht ihm recht – er hätte besser früher nach dem Rechten sehen sollen.
> d) Das geschieht ihm recht – er hätte besser früher nach dem rechten sehen sollen.

Dass „Recht/recht haben" und „Recht/recht bekommen" zweierlei sind, ist ja bekannt. Aber wie schreibt man eigentlich diese ganzen Verbindungen mit „Recht"?

Die Krux bei der Geschichte ist, dass es sich sowohl um ein Substantiv handeln kann, das die Großschreibung fordert, als auch um ein Adjektiv bzw. Adverb, das dann natürlich kleingeschrieben wird. Im Einzelnen:

Klein schreibt man in Verbindungen wie „Das ist mir recht", „Das geschieht ihm recht" oder „Es ist nur recht und billig".

Bei Substantivierungen dagegen wird großgeschrieben. Die erkennen Sie daran, dass ein Artikel oder ein anderes Hinweiswort davorsteht. Solche Fälle sind „nach *dem* Rechten sehen" oder „*nichts* Rechtes mit sich anzufangen wissen". Großschreibung gilt natürlich auch, wenn das (geltende) Recht gemeint ist: „von Rechts wegen", „nach Recht und Gewissen", „zu Recht bestehen".

Und dann – Sie ahnen es sicher schon – gibt es Grauzonen, in denen die Unterscheidung nicht ganz klar ist und in denen beides erlaubt ist. Die Erklärung für diese Unklarheit erschließt sich nicht immer auf Anhieb, sodass es schwierig ist, hier eine Faustregel zu definieren. Merken können Sie sich aber, dass der Duden in diesen Fällen durchgängig die Kleinschreibung *empfiehlt:* „recht haben", „recht behalten", „recht bekommen" und „jemandem recht geben".

Ein paar Paare

> **Heißt es „ein Paar Schuhe" oder „ein paar Schuhe"?**
>
> a) Es muss immer „ein Paar Schuhe" heißen.
> b) Nein, „ein paar Schuhe" ist die einzig richtige Schreibweise.
> c) Beides kann richtig sein, nämlich ...
>   *(bitte erläutern)*.
> d) Großes oder kleines P, das ist in dem Fall dasselbe und verändert nichts an der Bedeutung.

Im letzten Kapitel ging es darum, wann man das Wort „Recht" mit großem und wann mit kleinem r schreibt. Und gleich noch ein Wort, bei dem nach meinen Beobachtungen viele Schreiber unsicher mit der Groß- und Kleinschreibung sind: „paar" bzw. „Paar".

Großgeschrieben wird nur dann, wenn tatsächlich genau zwei Dinge zusammengehören – eine sogenannte Zweiheit bilden –, denn dann ist „Paar" ein Substantiv:

ein Paar Stiefel, zwei Paar Handschuhe

Der Nominalausdruck (Stiefel bzw. Handschuhe) steht heute übrigens gewöhnlich im Nominativ: Man kauft ein Paar neue Handschuhe, während man sich früher durchaus auch ein Paar *neuer* Handschuhe zulegte.

Wenn sich ein Verb auf das Paar bezieht, steht es in der Regel im Singular:

Ein Paar Handschuhe liegt noch im Schrank.

Häufiger ist die kleingeschriebene Variante, bei der „paar" zusammen mit einem Artikel im Sinne von „einige, wenige" gebraucht wird:

die paar Tage, ein paar Sachen

Das Wort „paar" bleibt dabei immer unverändert, nur die Artikelwörter werden gebeugt:

in <u>den</u> paar Tagen, mit dies<u>en</u> paar Sachen

Wenn ich also schreibe, dass ich am Wochenende ein paar Handschuhe im Schrank gefunden habe, dann sind das verschiedene, aber keine zusammengehörigen – sonst müsste ich von einem Paar Handschuhe schreiben.

Aufzählung von Beispielen

> In welchem der folgenden Sätze ist die Zeichensetzung korrekt?
>
> a) Die beliebtesten Jungennamen 2012 sind Ben, Luca, Paul, Lukas, und Finn.
> b) Die beliebtesten Jungennamen 2012 sind Ben, Luca, Paul, Lukas und Finn.
> c) Die beliebtesten Jungennamen 2012, sind Ben, Luca, Paul, Lukas und Finn.

Beispiele machen einen Text lebendig. Es gibt viele Wege, Beispiele in einen Text einfließen zu lassen. Der scheinbar einfachste, nämlich die schlichte Aufzählung, enthält aber durchaus einige Tücken, wie ich beim Lektorieren in der letzten Zeit häufiger festgestellt habe.

Eine beispielhafte Aufzählung können Sie entweder mit entsprechenden Hinweiswörtern *einleiten* (zum Beispiel, beispielsweise, etwa) – oder Sie machen *an ihrem Ende* deutlich, dass die aufgeführten Begriffe nur beispielhaft für eine größere Menge stehen. Im letzteren Fall leiten Sie die Aufzählung mit einer geeigneten Abkürzung aus (usw., u. a., etc.).

Ob Einleitung oder Ausleitung: Beide Varianten reichen für sich genommen aus, um den Beispielcharakter anzuzeigen. Mischformen aus Ein- und Ausleitung sind sprachliche Dopplungen und damit unnötig:

In den USA gibt es zahlreiche Millionenstädte, <u>zum Beispiel</u> New York, Los Angeles, Chicago, Washington <u>usw</u>.

Wenn Sie am Anfang „zum Beispiel" schreiben, ist damit bereits gesagt, dass die Aufzählung nicht erschöpfend ist, und das „usw." am Ende erübrigt sich.

Auch die Kommasetzung bei Aufzählungen ist häufig falsch, obwohl die Regeln sehr klar sind:

Zwischen den einzelnen Gliedern einer Aufzählung steht jeweils ein Komma:

> *Der Kuchen enthält Mehl, Zucker, Butter ...*

Ist die Aufzählung vollständig, steht zwischen den letzten beiden Gliedern meist ein Verbindungswort, dann aber kein Komma mehr:

> *Der Kuchen enthält Mehl, Zucker, Butter, Eier <u>und</u> Backpulver.*

Auch wenn das letzte Wort der Ausleitung dient und damit ein Platzhalter für mehrere Aufzählungsglieder ist, steht im Deutschen kein Komma mehr, denn „usw." bedeutet ausgeschrieben „und so weiter". Hier ist also das „und" enthalten, vor dem – siehe oben – kein Komma mehr steht.

> *Der Kuchen enthält Mehl, Zucker, Butter <u>usw.</u>*

Dasselbe gilt für „etc.", denn das „et" steht ebenfalls für „und".

Mehrteilige Subjekte

> **Wie heißt es richtig?**
>
> a) Entweder ich oder mein Mann geht morgen zum Elternabend.
> b) Entweder ich oder mein Mann gehe morgen zum Elternabend.
> c) Beides ist richtig.
> d) Beides ist falsch.

Da gibt es manchmal Sätze, die wollen einfach nicht richtig klingen. Mehrere Varianten fallen einem ein, aber alle verursachen ein gewisses Unbehagen. So geht es mir jedes Mal, wenn ich einen Satz lese wie diesen:

*Entweder du oder dein Sohn
bringt das Auto zur Werkstatt.*

Das knirscht. Bei Ihnen auch? Ist „bringt" die richtige Verbform? Sie bezieht sich auf „dein Sohn". Auf „du" kann sie sich nicht beziehen, denn dann müsste es „bringst" heißen, und der Satz würde lauten:

*Entweder du oder dein Sohn
bringt das Auto zur Werkstatt.*

Klingt auch nicht besser, oder? Das Subjekt dieses Satzes besteht aus mehreren Teilen. Und diese Teile stimmen weder tatsächlich noch grammatisch überein, es sind zwei unterschiedliche Personen.

Für solche Fälle gilt, dass die Form des Verbs sich nach dem Teil des Subjekts richtet, der ihm am nächsten steht.

Das ist in diesem Fall der Sohn, also ist der erste Beispielsatz korrekt, auch wenn er ein wenig schräg klingt. Wer das vermeiden will, muss den Satz einfach nur umstellen und sagen:

> *Entweder du bringst das Auto zur Werkstatt oder dein Sohn.*

So ein Hin und Her!

> **Welche der folgenden Schreibweisen ist korrekt?**
>
> a) Er ist hin und her gelaufen.
> b) Er ist hin- und hergelaufen.
> c) Beide Schreibweisen können richtig sein, denn ... *(bitte erläutern)*.
> d) Beide Schreibweisen sind falsch.

Wie wird „hin und her" in Verbindung mit Verben richtig geschrieben: getrennt, zusammen, mit Bindestrichen oder ohne?

Das musste ich selbst auch dauernd nachschlagen – bis ich eine für mich sehr eingängige Merkhilfe gefunden habe. Tatsächlich hängt es nämlich vom Einzelfall ab, was richtig ist.

Wenn die Person im obigen Beispiel umherwandert und sich ohne bestimmtes Ziel mal hierhin und mal dorthin bewegt, dann ist Variante a) richtig:

Er ist hin und her gelaufen.

Anders ist es, wenn jemand zum Beispiel immer von einer Ecke eines Zimmers zur anderen läuft und dann auf demselben Weg wieder zurück. Dann ist er immer auf derselben „Linie" unterwegs, nur die Richtung wechselt. In diesen Fällen setzt man Bindestriche und schreibt den zweiten Teil zusammen.

Er ist hin- und hergelaufen.

Ich kann mir das mit einer Eselsbrücke gut merken:

Die *unverbindliche* Variante (ziellos) wird *unverbunden* geschrieben, also ohne Bindestriche und getrennt. Die Variante, in der es eine klare Linie gibt, *hat* auch eine Linie (den Bindestrich) und eine größere Verbindlichkeit (die Zusammenschreibung).

Anführungszeichen

> **Wofür benutzt man Anführungszeichen <u>nicht</u>?**
>
> a) Für Namen und Titel.
> b) Zur Betonung.
> c) Für Zitate und direkte Rede.
> d) Um ein Wortspiel anzudeuten oder zu signalisieren, dass das gewählte Wort nicht genau passt.

Sind Sie auch ein Freund von Anführungszeichen? Diese kleinen Striche vermehren sich explosionsartig. Zwingend notwendig sind sie aber nur, um direkte Rede und Zitate zu kennzeichnen. Außerdem setzt man die kleinen Striche bei Namen und Titeln, die ohne Anführungszeichen einen anderen Sinn ergeben würden, zum Beispiel hier:

Er warf einen Blick in den Spiegel.
Aber: *Er warf einen Blick in den „Spiegel".*

Für einzelne Wörter oder Wortgruppen sollten Anführungszeichen nur sehr sparsam verwendet werden. Ähnlich wie Substantive wirken sie nämlich wie Stoppschilder, die den Lesefluss bremsen – ein Effekt, der nur in wenigen Fällen sinnvoll ist.

Ein Wort in Anführungszeichen zu schreiben, kann auch Ironie oder ein Wortspiel andeuten. Es kann das Augenzwinkern ersetzen, das dieses Wort in der persönlichen Kommunikation begleitet hätte, um zu signalisieren: Ich meine nicht ernst, was ich sage. Oder: Eigentlich beschreibt dieses Wort nicht genau das, was ich sagen will, aber mir fällt kein besseres ein.

Wollen Sie diesen Eindruck wirklich erwecken?

Stellen Sie sich diese Frage einfach bei jedem Anführungszeichen, das Sie setzen wollen. Schreiben Sie es nur hin, wenn Sie sie eindeutig mit Ja beantworten können.

Übertragene Bedeutung

> **Welche der folgenden Schreibweisen sind korrekt?**
>
> a) Die Chefin hat auf der Feier wirklich schöngeredet.
> b) Die Chefin hat auf der Feier wirklich schön geredet.
> c) Die Chefin hat die schlechten Quartalsergebnisse schöngeredet.
> d) Die Chefin hat die schlechten Quartals--ergebnisse schön geredet.

Fügt man zwei Teile zusammen, ergibt sich manchmal etwas ganz Neues. In der deutschen Sprache gibt es für solche Fälle eine Schreibregel: Wenn eine Kombination aus einem Adjektiv (Eigenschaftswort) und einem Verb (Tätigkeitswort) eine Bedeutung hat, die sich aus den Einzelbedeutungen dieser Wörter nicht unmittelbar erschließt, schreibt man diese Kombination zusammen.

Aufgrund dieser Regel schreibt man beispielsweise „kürzertreten" in einem Wort – lassen Sie sich nicht davon irritieren, dass die Rechtschreibprüfung in Word es wieder trennt! Denn es bedeutet „sich einschränken", „auf etwas verzichten", hat also mit den Einzelbedeutungen von „kürzer" und „treten" nur noch im übertragenen Sinn zu tun. Weitere Beispiele sind „jemanden krankschreiben", „etwas spitzbekommen" oder „etwas sattheben".

Natürlich gibt es Fälle, in denen man sich darüber streiten kann, ob die Bedeutung der Kombination sich aus den Einzelwörtern erschließt. In solchen Fällen sind beide

Schreibungen erlaubt, zum Beispiel „fertigstellen" und „fertig stellen".

Und schließlich gibt es Kombinationen, deren Bedeutung je nach Zusammenhang unterschiedlich sein kann, weshalb die Schreibweise variiert: So heißt es „frei sprechen" im Sinne von „ohne Manuskript reden" oder „über die Freisprechanlage sprechen", aber „freisprechen" im Sinne eines juristischen Urteils oder im Sinne der Erklärung zum Gesellen im Handwerk.

ZWEIFEL

> **Welche(r) der folgenden Sätze ist/sind korrekt?**
>
> a) Er bezweifelt, ob seine Antwort richtig war.
> b) Er bezweifelt, dass seine Antwort richtig war.
> c) Er zweifelt, ob seine Antwort richtig war.
> d) Er zweifelt, dass seine Antwort richtig war.

Wer zweifelt, ist unsicher. Schlimm genug, dass sich diese Unsicherheit auf den Gegenstand des Zweifels bezieht; was aber den sprachlichen Aspekt des Zweifelns angeht, so gibt es klare Regeln.

Entscheidend ist dabei, ob Sie „etwas *bezweifeln*" oder ob Sie „*an* etwas zweifeln".

Ersteres drückt aus, dass jemand einen Sachverhalt oder eine Aussage infrage stellt, während mit „zweifeln" ein *Zustand* der Unsicherheit beschrieben wird. Entsprechend wird der mit dem Hauptsatz verknüpfte Nebensatz unterschiedlich eingeleitet.

Ein Hauptsatz mit dem Verb „bezweifeln" verlangt im Nebensatz ein „dass":

> *Ich bezweifle, dass es in diesem Jahr eine weiße Weihnacht geben wird.*

Der gleiche Satz mit „ob" wäre falsches Deutsch.

Wenn Sie dagegen nur zweifeln, haben Sie die Wahl zwischen „ob" und „dass". Deshalb sind die beiden folgenden Beispielsätze gleichermaßen korrekt:

*Ich zweifle, ob ich diese Information richtig
verstanden habe.*

*Ich zweifle (daran), dass ich diese Information
richtig verstanden habe.*

Natürlich kann man auch die verschiedenen Möglichkeiten nennen, zwischen denen man sich nicht entscheiden kann. Sprachlich richtig ist dann natürlich „ob":

*Ich zweifle, <u>ob</u> die dünne Jacke
besser ist oder die dicke.*

Sind „da" und „weil" synonym?

> **Gibt es einen Unterschied zwischen „da" und „weil"?**
>
> a) Nein, die beiden Wörter sagen genau dasselbe aus.
> b) Ja, da gibt es auch einen inhaltlichen Unterschied.
> c) Inhaltlich sind sie gleichwertig, „da" ist nur etwas gehobener, „weil" eher umgangssprachlich.

Wenn man 100 Menschen fragen würde, ob es einen Unterschied zwischen „da" und „weil" gibt, würden vermutlich mindestens 98 mit Nein antworten. Wer allerdings ganz korrekt sein will, macht hier feine Unterschiede.

Sowohl „da" als auch „weil" stehen am Anfang eines Nebensatzes und leiten eine Begründung für das ein, was im Hauptsatz steht. Dabei steht „da" allerdings nur dann, wenn man die Begründung beim Empfänger als bekannt voraussetzt und dies vielleicht sogar noch durch Wörter wie „ja" oder „bekanntlich" verstärkt. Der Nebensatz steht dann meist vor dem Hauptsatz:

Da der erste Freitag im April (bekanntlich) ein Feiertag war, kommt der Newsletter diesmal etwas später.

Antworten auf Warum-Fragen werden grundsätzlich mit „weil" eingeleitet und niemals mit „da". Und überhaupt ist die Konjunktion „weil" viel universeller einsetzbar. Für den eben erwähnten Beispielsatz kann sie genauso benutzt werden wie für alle anderen Begründungen; auch und besonders dann, wenn deren Inhalt völlig neue Informationen enthält. Im Hauptsatz kann durch Wörter wie „deshalb" oder „vor allem" besonders auf die Bedeutung des Grundes hingewiesen werden:

In der letzten Märzwoche haben Sie mich (deshalb) nicht erreicht, weil ich im Urlaub war.

In der Summe bedeutet das: Mit der Konjunktion „da" kann man durchaus mal ins Schleudern kommen, mit „weil" dagegen machen Sie bei einer Begründung nie etwas falsch.

Zu- und Abnahmen

> **Lesen Sie zunächst folgenden Satz:**
>
> *Die Berufspendler haben in den letzten Jahren deutlich zugenommen.*
>
> **Was fällt Ihnen dazu ein?**
>
> a) Der Satz ist völlig in Ordnung so.
> b) Irgendwas stört mich, aber ich kann es nicht benennen.
> c) So ist der Satz falsch. Richtig wäre: ...

Aus dem Kontext, in dem der Beispielsatz aus dem Kasten oben im Radio zu hören war, ging klar hervor, welche Aussage der Redakteur beabsichtigt hatte: dass es heute deutlich mehr Berufspendler gibt als vor ein paar Jahren. Tatsächlich drückt der Satz allerdings, etwas uncharmant formuliert, Folgendes aus: Die Berufspendler sind heute dicker als früher.

Noch ein Beispiel? In der Einladung zu einem Seminar las ich neulich dies hier:

Verdreifachen Sie Ihre Profilbesucher!

In diesem Seminar sollte es darum gehen, sich auf einer Social-Media-Plattform besser zu positionieren und so die Klickzahlen auf das eigene Profil zu vergrößern.

Der Fehler in diesem zweiten Satz ist grundsätzlich derselbe wie im ersten Beispiel, allerdings ist er hier etwas weniger offenkundig (die Doppelbedeutung des Begriffs

„zunehmen" im Zusammenhang mit Personen ist bei den Berufspendlern schon sehr verräterisch). Und genau das ist die Krux: Wenn das Gezählte keine Personen sind (sondern von mir aus irgendwelche Anträge oder Ähnliches), passiert dieser Fehler auch Profis ganz schnell.

Was in solchen Sätzen zu- oder abnimmt, sich vermehrt, halbiert, verdrei- oder ver-x-facht, ist eine Zahl oder eine Menge, nicht das Gezählte selbst. Wer korrekt formulieren will, kommt deshalb nicht umhin, den Satz zu erweitern:

Die Zahl der Berufspendler hat in den letzten Jahren deutlich zugenommen.

Verdreifachen Sie die Zahl Ihrer Profilbesucher!

Pluralbildung bei Akronymen

> **Wie lautet der korrekte Plural von DVD?**
>
> a) DVD's
> b) DVD
> c) DVDs
> d) DVDen

Akronyme sind Abkürzungen aus den Anfangsbuchstaben mehrerer Wörter, zum Beispiel AGB, USP, CD, AKW oder KV. Aus sprachlicher Sicht ist dagegen nicht grundsätzlich etwas einzuwenden, solange sichergestellt ist, dass alle Beteiligten einander verstehen.

Die Schwierigkeiten beginnen, wenn solche Abkürzungen in den Plural gesetzt werden müssen: Dann werden sie zum Magneten für ein kleines Strichlein, das tatsächlich nur sehr selten benötigt wird: den Apostroph. Auch hier ist er falsch. Es heißt genauso wenig „CD's" oder „USP's", wie es ausgeschrieben „Compact Disc's" oder „Unique Selling Proposition's" heißt. Richtig ist: CDs, USPs. Genau wie bei der Langversion wird auch bei der Abkürzung das kleine s einfach direkt angehängt.

Das gilt für die Akronyme, bei denen der Plural in der ausgeschriebenen Form mit s gebildet wird: Compact Discs, Unique Selling Propositions/Points. „AKWs" wäre aber falsch, denn es heißt nicht „Atomkraftwerks", sondern „Atomkraftwerke". Das *e* wird vernachlässigt, deshalb lautet der Plural ebenfalls AKW. Die Abkürzung für „Krankenversicherungen" lautet in vielen Zusammenhängen entsprechend „KVen". Bei den AGB wiederum steht die Grundform selbst schon für einen Plural: „allgemeine Geschäftsbedingungen". Die bleiben also immer so, wie sie sind.

Einen Sonderfall bilden solche Akronyme, die im Sprachgebrauch wie eigenständige Wörter behandelt werden. Die klassischen Beispiele sind Pkw und Lkw (auch richtig: PKW und LKW), deren Langfassungen heute kaum noch benutzt werden. Hier ist das Plural-s *erlaubt, aber nicht vorgeschrieben,* das heißt: Sie dürfen von Pkws und Lkws (bzw. PKWs und LKWs) schreiben, wenn Ihnen das gefällt – obwohl es tatsächlich nicht „Personenkraftwagens" oder „Lastkraftwagens" heißt. Anstreichen würde ich es Ihnen nur, wenn Sie vor das s noch einen Apostroph setzen.

Verbindungen von Verb und Adverb

> **Welcher der folgenden Sätze ist korrekt geschrieben?**
>
> a) Ich habe das Regal zusammen gebaut.
> b) Ich habe das Regal zusammengebaut.
> c) Beide Sätze sind richtig.
> d) Beide Sätze sind falsch.

Zusammensetzungen aus Verben und Begriffen wie „da", „zusammen" oder „darauf" schreibt man je nach Einzelfall zusammen oder getrennt. Es handelt sich hier um Verbindungen von Verben und Adverbien bzw. Verbzusätzen.

Der Unterschied zwischen Verbzusätzen und Adverbien ist speziell und für diese Frage gar nicht wichtig. Für den alltäglichen Gebrauch gibt es eine viel einfachere Faustregel, die in den meisten Fällen gute Dienste leistet.

Diese Faustregel bezieht sich auf die Betonung in diesen Zusammensetzungen. Liegt sie auf dem zweiten Teil (dem Verb), schreibt man die Kombination getrennt. Wenn dagegen der erste Teil betont wird, ist die Zusammenschreibung richtig. Beispiele (Betonung durch Unterstreichung gekennzeichnet):

Kannst du noch <u>da</u>bleiben und mir helfen?
Aber: *Kannst du bitte einen Moment da <u>bleiben</u>, wo du jetzt stehst?*

Ich habe das Regal <u>zusammen</u>gebaut.
Aber: *Familie X und Familie Y haben dieses Haus zusammen <u>gebaut</u>.*

Keksteig ausrollen und die Marmelade <u>darauf</u>streichen.
Aber: *Keksteig ausrollen und die Marmelade darauf ver<u>streichen</u>.*

Ableitungen aus Namen

> **Welche der folgenden Schreibweisen ist/sind korrekt?**
>
> a) die Schiller'schen Dramen
> b) die schiller'schen Dramen
> c) die schillerschen Dramen
> d) die Schillerschen Dramen

Wenn jemand etwas Neues erfindet, wird dieses Etwas häufig nach ihm benannt. Aber wie schreibt man es dann korrekt? Wie schreibt man das Gesetz, das nach seinem Entdecker Georg Simon Ohm benannt ist? Wie schreibt man die Märchen, die von den Gebrüdern Grimm niedergeschrieben wurden?

Grundsätzlich gibt es zwei Möglichkeiten. Die gebräuchlichere ist die, aus dem Namen ein reguläres Adjektiv zu bilden, das dann in einem Wort und, wie jedes andere Adjektiv, kleingeschrieben wird:

*grimmsche Märchen, das ohmsche Gesetz,
die einsteinsche Relativitätstheorie*

Wenn Sie die Gebrüder Grimm, Herrn Ohm oder Herrn Einstein in dieser Form nicht angemessen gewürdigt sehen, können Sie deren Namen auch großschreiben. Dann allerdings *müssen* Sie diese mit einem Apostroph von der Endung absetzen:

*Grimm'sche Märchen, das Ohm'sche Gesetz,
die Einstein'sche Relativitätstheorie*

Nur in sehr wenigen Fällen ist die Großschreibung ohne Apostroph richtig: dann nämlich, wenn das Adjektiv Bestandteil eines Eigennamens oder einer namenähnlichen Fügung ist (Halleyscher Komet, Magellansche Wolken).

MEHRTEILIGE ABKÜRZUNGEN

> **Wie wird die gängige Abkürzung von „zum Beispiel" richtig geschrieben?**
>
> a) z.B.
> b) z. B.
> c) z.Bsp.
> d) z. Bsp.

Bei mehrgliedrigen Abkürzungen, deren einzelne Teile mit einem Punkt enden, gehört zwischen jeden Teil ein Leerschritt:

d. h., u. a., z. B., d. J. m. E.

Als Faustregel können Sie sich merken: Dies gilt für alle mehrteiligen Abkürzungen, die zwar als solche geschrieben, beim Lesen aber als ganze Wörter gesprochen werden (im Gegensatz zu Kürzeln wie Pkw[5] oder ARD). Denn jeder Teil einer solchen Abkürzung steht für ein eigenständiges Wort, und wenn dieses ausgeschrieben würde, wäre es auch durch einen Leerschritt von den umgebenden Wörtern getrennt.

Trotzdem ist eine mehrgliedrige Abkürzung eine Einheit, die nicht durch Zeilenumbrüche auseinandergerissen werden sollte. In Word können Sie verhindern, dass dies passiert: Setzen Sie einfach einen geschützten Leerschritt (Tastenkombination am PC: Strg + Umschalt + Leertaste). Generell gilt aber: Von wenigen Ausnahmen abgesehen, bremsen Abkürzungen den Lesefluss. Deshalb sollten Sie Ihren Lesern nicht zu viele davon zumuten und in längeren Fließtexten nach Möglichkeit ganz darauf verzichten.

---

[5] Zur Pluralbildung bei solchen Kürzeln siehe S. 81.

Nachwort

Geschafft! Wenn Sie bis hierher gelesen haben, haben Sie eine ganze Menge nützliche Informationen gesammelt, um in Zukunft besser schreiben zu können. Wenn Sie mögen, nehmen Sie das Buch doch in ein paar Wochen noch einmal zur Hand und schauen sich nur die Fragen an – wie viele können Sie auf Anhieb richtig beantworten? Sicher mehr als vor dem ersten Lesen!

Wenn Sie auch weiterhin mit einem monatlichen Häppchen Ihre Sprach- und Schreibkompetenz trainieren und erweitern wollen, können Sie die „Zwei Minuten für die Sprache" über meine Website www.julianetopka.de als Newsletter abonnieren.

Auch auf dem Sprachpingel-Blog www.sprachpingel.de freue ich mich jederzeit über Besuch und natürlich über Kommentare – zu diesem Buch, aber auch zu allen anderen Themen.

Herzliche Grüße
Juliane „Sprachpingel" Topka

Lösungen

Seite 9: a) ist korrekt: Das Schild hängt in 3 Meter Höhe.

Seite 11: Wenn zwei verschiedene Kuchen gemeint sind, ist b) korrekt: Erdbeer- und Rhabarberkuchen. Wenn ein Kuchen mit beiden Fruchtsorten gemeint ist, ist c) die richtige Schreibweise: Erdbeer-und-Rhabarber-Kuchen.

Seite 13: Ohne den Zusammenhang zu kennen, kann man diesen Satz nicht sicher deuten. Deshalb kommt als Lösung hier nur d) infrage.

Seite 15: b) ist korrekt: Es sind zwei verschiedene Aussagen.

Seite 17: b), c) und e) sind richtig.

Seite 19: c) ist richtig: Es kommt darauf an, ob ein ganzer Satz folgt – dann schreibt man nach dem Doppelpunkt groß. Ist das nicht der Fall, schreibt man klein.

Seite 21: a) ist richtig: Der Leerschritt steht nur dann, wenn ganze Wörter oder Satzteile weggelassen werden.

Seite 23: a) ist korrekt.

Seite 25: a) ist korrekt.

Seite 27: b) ist richtig: Das Komma verändert die Aussage. In Satz (1) war der erste Film schon spannend, der Frager möchte mehr von der Sorte. In Satz (2) war der erste Film vielleicht eine Komödie, auf jeden Fall bot er keinen Nervenkitzel. Den möchte der Frager aber jetzt haben.

Seite 29: a) ist korrekt.

Seite 31: b) ist richtig: „zurzeit" bedeutet „derzeit, gerade jetzt"; „zur Zeit" drückt den Bezug auf eine bestimmte Zeit oder Zeitspanne aus.

Seite 33: a) „aktuell" ist ein Adjektiv.

Seite 35: b) ist korrekt.

Seite 37: b) und c) sind richtig.

Seite 39: b) ist korrekt.

Seite 41: b) ist korrekt.

Seite 43: c) ist korrekt.

Seite 45: b) und d) sind richtig.

Seite 47: d) ist die richtige Antwort: Die Schreibweise „zehn mal" ist falsch.

Seite 49: c) ist richtig.

Seite 51: a) und d) sind korrekt.

Seite 53: c) ist richtig.

Seite 55: c) ist die gesuchte Antwort: Das Binnen-I ist zwar verbreitet, aber falsch.

Seite 57: b) ist richtig.

Seite 59: a) ist richtig.

Seite 61: c) ist richtig.

Seite 63: c) ist korrekt: Beides kann richtig sein. Erläuterungen im Text.

Seite 65: b) ist richtig.

Seite 67: a) ist richtig – besser und lesefreundlicher ist es aber, den Satz umzustellen: „Entweder ich gehe morgen zum Elternabend oder mein Mann."

Seite 69: c) ist korrekt: Beide können richtig sein. Erläuterungen im Text.

Seite 71: b) ist richtig: Zur Betonung setzt man keine Anführungszeichen.

Seite 73: b) und c) sind korrekt geschrieben.

Seite 75: b), c) und d) sind richtig.

Seite 77: b) ist richtig.

Seite 79: c) ist korrekt: Richtig wäre „Die Zahl der Berufspendler hat deutlich zugenommen". (Falls Sie b) angekreuzt haben, liegen Sie natürlich auch nicht ganz falsch.)

Seite 81: c) ist richtig.

Seite 83: b) ist richtig.

Seite 85: a) und c) sind richtig.

Seite 87: b) ist richtig.